DIVINAS MULHERES
Ann Shen

Tradução
Fernanda Lizardo

DARKSIDE

DARKLOVE.

Copyright © 2018 by Ann Shen.
Todos os direitos reservados.

First published in English by Chronicle Books LLC,
San Francisco, California.

Tradução para a língua portuguesa
© Fernanda Lizardo, 2020

Diretor Editorial
Christiano Menezes

Diretor Comercial
Chico de Assis

Gerente Comercial
Giselle Leitão

Gerente de Marketing
Mike Ribera

Editoras
Marcia Heloisa
Raquel Moritz

Editora Assistente
Nilsen Silva

Capa e Adaptação
Retina 78

Coordenador de Arte
Arthur Moraes

Designers Assistentes
Aline Martins/Sem Serifa
Sergio Chaves

Finalização
Sandro Tagliamento

Revisão
Isadora Torres

Impressão e acabamento
Ipsis Gráfica

```
DADOS INTERNACIONAIS DE CATALOGAÇÃO NA PUBLICAÇÃO (CIP)
              Angélica Ilacqua CRB-8/7057

Shen, Ann
    Divinas mulheres / Ann Shen ; tradução de Fernanda Lizardo.
— Rio de Janeiro : DarkSide Books, 2020.
    128 p. il.

    ISBN: 978-85-9454-123-9
    Título original: Legendary Ladies

    1. Mitologia 2. Deusas 3. Mulheres 4. Empoderamento feminino
I. Título II. Lizardo, Fernanda

18-0747                                    CDD 202.114

           Índices para catálogo sistemático:

                  1. Deusas — Mitologia
```

[2020]
Todos os direitos desta edição reservados à
DarkSide® *Entretenimento LTDA.*
Rua Alcântara Machado, 36, sala 601, Centro
20081-010 — Rio de Janeiro — RJ — Brasil
www.darksidebooks.com

Para Lucy e minhas avós

Sumário

Introdução 10

Criatividade e Manifestação

Aditi 14

Atena 17

Benten 19

Chang-o 21

As Musas 22

Nüwa 25

Ran 26

Saraswati 28

Mulher Aranha 31

Tiché 32

Amor

Afrodite 36

Cordélia 39

Freya 41

Hator 42

Ísis 45

Laka 46

Oxum 49

Parvati 50

Psiquê 53

Força

Áine 56

Amaterasu 59

Ártemis 60

Deméter 63

Eos 65

Gaia 66

Lakshmi 68

Liễu Hạnh 71

Iansã 72

Pele 74

Proteção

Ala 78

Brígida 80

Durga 83

Hécate 84

Kali 87

Kuan Yin 88

Ma'at 91

Mazu 93

Rhiannon 94

Tara 97

Iemanjá 98

Reinvenção

Bast..103

Chalchiuhtlicue.................................104

Estsanatlehi......................................107

Hel..108

Hina...111

Hsi Wang Mu....................................112

Ixchel..115

Nyai Loro Kidul.................................117

Sekhmet..118

Xochiquetzal.....................................120

Referências..123

Agradecimentos................................124

Introdução

A mitologia é uma coisa curiosa. Quando você de fato começa a refletir sobre o assunto, a mitologia é, em suas raízes — com todo o devido respeito ao sagrado e ao religioso —, um conjunto de histórias que contamos sobre nossas próprias origens. Durante muito tempo, os seres humanos têm buscado por respostas: de onde viemos, por que viemos e qual é o nosso propósito. E vivenciamos basicamente as mesmas batalhas, independentemente das armadilhas de nossa época e atribuição na história. A mitologia revela tudo isso — nossos desejos mais íntimos, nossas maiores necessidades e experiências mais dolorosas; revela a verdade sobre nós mesmos, bem como sobre as culturas que moldaram e interpretaram tais mitos. Talvez de forma até melhor do que a história e os fatos conseguirem fazer — porque os mitos, em geral, dizem mais a respeito do que realmente é importante para nós e para os ideais de uma cultura.

As deusas fazem parte da mitologia desde sempre. Muitas delas são responsáveis pela criação do mundo tal como o conhecemos. A divindade feminina muitas vezes é a força vital em si, da qual todos viemos, e lidar com ela é um jeito de reconhecer o criador em cada um de nós, o espírito de proteção, a coragem e o amor. Muitas das deusas carregam histórias de superação, de manifestação — criando coisas a partir do poder do pensamento — e de uma força inabalável. Embora suas histórias e domínios variem, as deusas aqui possuem um elo em comum: todas encontraram seu poder particular. E por meio de suas histórias, e talvez de um pouquinho de fé e magia, todas elas vão empoderar você.

Nas páginas a seguir, há uma infinidade de deusas de diversos panteões de todo o mundo. Elas representam o que buscamos em nossas vidas: criatividade, manifestação, amor, força, proteção e reinvenção. Suas histórias são extremamente variadas; no entanto, algumas se assemelham imensamente entre si, ilustrando tudo o que valorizamos apesar das fronteiras existentes entre nós. Aqui você vai encontrar deusas essenciais que existiram antes mesmo do próprio tempo, divindades brincalhonas que gostam de intervir em nossas espirais mortais, e seus maiores feitos. Muitas protagonizam histórias de grande aventura, de coragem, de sacrifício. Todas ilustram histórias que vão ajudar você a encarar melhor a vida cotidiana.

Ao longo deste livro, há um ponto comum: o masculino não existe sem o feminino, pois ambos são partes de todos os seres vivos na Terra. A história recente tem se revelado amplamente patriarcal, o que significa que a divindade feminina vem sendo oprimida por tempo demais. Espero que neste livro você encontre uma deusa padroeira (ou muitas) a quem consiga se vincular para obter orientação, sabedoria, força ou o que for preciso nesta fase da sua vida. Utilize as seções do livro para encontrar uma deusa que a ajude a enfrentar o cotidiano; volte a consultá-las à medida que sua vida for mudando. Ou simplesmente divirta-se com as histórias e inspire-se nesta longa jornada de mulheres que foram parte fundamental de muitas civilizações.

A divindade feminina sempre esteve aqui e continuará a fazer parte de nossas existências. Agora, cabe a você honrá-la dentro de si, porque você é uma descendente direta dessas mulheres destemidas e obstinadas. Afinal, todas essas deusas são nossas mães.

Aditi

ORIGEM: *Hindu*

MITOLOGIA: Mãe do universo infinito, Aditi é uma das primeiras deusas celestes no panteão Hindu. A tradução de seu nome significa "ilimitada", exatamente como seu alcance e poder. Sua existência precede o próprio tempo, e ela é conhecida como a deusa do passado e do futuro, aquela que controla todo o tempo. Aditi também é a fonte das estrelas, dos sóis, dos planetas e das luas, e originou os doze Adityas, espíritos que se tornaram os doze signos do zodíaco. Eles se revezam governando o cosmos durante cada mês e deram origem a todos os deuses e deusas. Ela também é conhecida como a Mãe Vaca e a Vaca da Luz, já que alimenta o universo, e muitas vezes é retratada na figura de uma vaca, animal sagrado na cultura Hindu.

 Evoque Aditi quando quiser criar seu mundinho particular de felicidade.

Atena

ORIGEM: *Grega (Romana: Minerva)*

MITOLOGIA: Filha de Zeus, Atena é a deusa grega da sabedoria, das artes e da guerra, o que faz dela uma ameaça tripla e figura central da força intelectual e feminina. Na lenda grega, Atena foi gerada já adulta e vestida com sua armadura dourada, brotando da cabeça de Zeus depois que este engoliu sua mãe grávida, Metis. Atena competiu com Poseidon para reger a capital grega. Poseidon deu de presente ao povo um poço de água salgada, cuja água não podiam beber. Já Atena lhes deu uma oliveira — que proporcionava sombra, óleo para as lamparinas e azeitonas para degustar. Não é de se admirar que a capital tenha sido batizada de Atenas e que a deusa em questão seja sua divindade. Hoje, os ramos das oliveiras ainda são um símbolo universal da paz.

Embora conhecida como a deusa da guerra, Atena representa as motivações e os aspectos estratégicos da batalha. Muitas vezes, ela é retratada com uma coruja em seu ombro direito, a qual representa a sabedoria, e tem Medusa desenhada em seu escudo, representando os laços de Atena com as mitologias anteriores, das culturas pré-gregas. Atena também é creditada por conceder o dom da arte ao mundo, por ensinar a tecelagem, a cerâmica e a arquitetura aos humanos. O Partenon é o templo mais famoso construído em homenagem a Atena — sua sabedoria foi responsável por guiar os arquitetos em sua construção — e foi um tributo à sua famosa virtude e modéstia sexual, uma divergência em comparação aos envolvimentos românticos típicos dos deuses gregos.

 Evoque Atena quando precisar se conectar com sua intuição e sabedoria.

Benten

ORIGEM: *Japonesa*

MITOLOGIA: Também conhecida como Benzaiten, Benten é a deusa marinha japonesa da eloquência e da beleza. O talento, a riqueza, a sabedoria, o romance e a música recaem em seus domínios. Ela era a única mulher dentre os Sete Deuses da Boa Sorte, um grupo de deuses que viajavam juntos em um navio do tesouro, e a única a conceder sorte e felicidade. Ela também é a deusa padroeira das gueixas e dos amantes da arte.

Filha de um rei dragão, Benten se casou com outro dragão que estava aterrorizando a ilha de Enoshima, devorando as crianças. Porém, o amor dele por ela o transformou em um perfeito cavalheiro. Juntos, passaram a residir no lago Biwa, cujo formato e nome são uma homenagem ao instrumento favorito de Benten: um alaúde de pescoço curto. Benten muitas vezes é retratada montando um dragão e tocando o *biwa*, e possui cobras brancas como seus mensageiros — por isso, na cultura japonesa é considerado sinal de boa sorte encontrar uma cobra branca.

Evoque Benten quando necessitar de um impulso extra de sorte ao seu lado — principalmente com projetos criativos.

Chang-O

ORIGEM: *Chinesa*

MITOLOGIA: Chang-o é a deusa chinesa da lua, local onde mora com um coelho e um sapo de três pernas. Antes, Chang-o costumava morar na Terra com seu marido, um arqueiro chamado Yi, e era servente à deusa Hsi Wang Mu. Quando Yi atirou suas flechas em nove dos dez sóis no céu, o casal perdeu a posição de divindade como punição. Chang-o implorou a Hsi Wang Mu para ajudá-los a retornar à imortalidade com seus pêssegos mágicos, e Hsi Wang Mu teve compaixão, preparando dois elixires do fruto para torná-los imortais novamente, embora não mais deuses. Chang-o optou por beber ambas as poções, na esperança de se tornar uma deusa com a dose extra de magia, mas ficou tão leve que flutuou até a lua. Ela de fato se tornou uma deusa novamente, mas agora eternamente vinculada à lua. Lá, seu marido construiu para ela um palácio de madeira da caneleira, e só pode visitá-la uma vez por mês, na noite de lua nova.

O Festival Lunar anual, também conhecido como Festival da Colheita de Outono, é realizado para louvar Chang-o e a força da divindade feminina do yin, no símbolo de yin e yang. As pessoas fazem rituais nos quais acendem incensos para o altar de Chang-o ao mesmo tempo em que sussurram seus desejos mais íntimos; então ficam caladas até ouvir a primeira palavra proferida por um transeunte, que normalmente é a resposta de Chang-o.

 Evoque Chang-o quando estiver buscando a resposta para uma dúvida ou um desejo secreto, principalmente durante a lua cheia.

As Musas

ORIGEM: *Grega*

MITOLOGIA: Filhas de Zeus e Mnemósine, a deusa da memória, as nove deusas que cuidam das artes e das ciências também são conhecidas como Musas. Segundo a lenda, elas nasceram no monte Parnaso, e muitos poetas e estudiosos costumavam viajar até lá para beber de uma nascente que descia pela montanha, a fim de obter inspiração divina.

Cada uma das Musas cuida de um aspecto diferente da criatividade: Calíope cuida da poesia; Clio, da história; Euterpe, da poesia lírica; Melpômene, da tragédia; Tália, da comédia; Terpsícore, da dança; Polímnia, da música e da narração de histórias; Urânia, da astronomia; e Erato, da poesia erótica e da mímica. No entanto, se uma das Musas estiver presente, qualquer um pode lhes solicitar inspiração em qualquer aspecto. Presenteando os esforços mortais com seu espírito divino, as Musas são amorosas e alegres, muitas vezes entoando canções de louvor. Elas também concedem talento e habilidade aos mortais. Em ritos, é normal ofertar-lhes leite, mel e vinho. Os museus modernos nasceram exatamente como santuários das Musas.

 Evoque as Musas quando estiver buscando inspiração e um impulso para seu talento; especialmente aquela que vislumbra seu ramo de atuação.

Nüwa

ORIGEM: *Chinesa*

MITOLOGIA: Metade humana e metade dragão, Nüwa é uma antiga deusa chinesa da criação. Ela costumava perambular sozinha pela Terra, até que um dia viu o próprio reflexo no rio Amarelo e moldou o primeiro ser humano com a argila das margens do rio. Para seu deleite, a figura, que tinha pernas em vez de uma cauda de dragão, ganhou vida e chamou-a de mãe; então, ela produziu muitos mais. Nüwa fez machos e fêmeas para que pudessem se reproduzir, e lhes concedeu a mortalidade. Depois de se cansar de fazer tantas pessoas, ela mergulhou uma corda na argila e soltou gotinhas pelo chão. Esta é a lenda de como os nobres (a argila moldada) e camponeses (as gotinhas largadas no chão) foram criados.

Nüwa também foi essencial durante uma grande crise nos velhos tempos, quando dois espíritos criaram uma fenda entre o céu e a terra, resultando em caos massivo e em muitos desastres naturais. Ela então fabricou cinco pedras de cores diferentes, cada uma delas representando um dos elementos naturais, fogo, água, ar, terra e vento, e assim consertou o buraco. No entanto, o conserto não foi perfeito, e é por isso que o sol, a lua e as estrelas ainda se movimentam.

Evoque Nüwa quando quiser criar algo bonito usando sua própria vida como matéria-prima.

Ran

ORIGEM: *Nórdica*

MITOLOGIA: Deusa do mar, Ran é uma linda sereia que mora em um paraíso dourado sob as ondas. Ran possui uma rede de pesca mágica, que utiliza para capturar navios e marinheiros, levando convidados permanentes para seu lar. Conhecida por ser uma deusa perigosa, Ran já foi culpada por naufrágios, pela queda de homens ao mar e por muitos desaparecimentos no oceano. Devido ao seu renomado amor pelo ouro e por coisas refinadas, os marinheiros costumam colocar moedas em seus bolsos em busca de proteção — assim ela leva as moedas em vez de buscar suas almas.

Com seu marido, Aegir, Ran teve nove lindas filhas, conhecidas como os espíritos das ondas. Dizem que elas costumam ajudar sua mãe a atrair marinheiros para as profundezas do mar. Ran e Aegir frequentemente realizam festas para os deuses nórdicos em seu belo palácio subaquático.

 Evoque a força e a persistência de Ran para conseguir tudo o que você deseja, construindo seu paraíso particular.

Saraswati

ORIGEM: *Hindu*

MITOLOGIA: Personificação de um dos rios mais importantes da Índia, Saraswati é a deusa hindu do conhecimento, da música e das artes. Lendária por sua beleza e elegância, é conhecida por sua pele cintilante, que representa a luz do conhecimento. Muitas vezes, ela é retratada com quatro braços, três dos quais seguram os símbolos de seus domínios: um livro (representando a educação); uma vina (um alaúde indiano, que representa a música); e um colar de contas ou uma caldeirinha (representando o conhecimento espiritual). Ela é louvada durante um festival na primavera, o *Vasant Panchami*, no qual as pessoas a adoram para alcançar a iluminação por meio do conhecimento e usam vestes tingidas com açafrão para representar as flores de mostarda desabrochando nos campos. Durante o festival, muitas crianças são ensinadas a escrever pela primeira vez, já que é atribuída a ela a criação do alfabeto em sânscrito.

Seu companheiro é um cisne branco (*hamsa*), que na mitologia diz-se ter o poder de separar o leite da água — uma representação da habilidade de Saraswati de separar o bem do mal. Ela viaja sobre o cisne, animal símbolo da perfeição espiritual e da transcendência, por isso esta deusa também recebe o nome Hamsavāhini, que significa "aquela que possui um *hamsa* como seu veículo". Estudantes e artistas costumam realizar cerimônias e orações em favor de Saraswati antes de começar um novo projeto.

Evoque Saraswati quando necessitar de iluminação intelectual e de uma bênção extra nas atividades criativas.

Mulher Aranha

ORIGEM: *Tribos nativas norte-americanas do Sudoeste*

MITOLOGIA: Considerada sagrada principalmente entre os nativos norte-americanos do Sudoeste, tais como Hopi e Navajo, a Mulher Aranha é uma deusa da criação que teceu uma teia responsável por criar as direções norte, sul, leste e oeste. Enquanto entrelaçava sua teia, ela criou todos os seres vivos na Terra, incluindo as montanhas, as águas e os desertos, ligando assim as diferentes regiões. Neste novo mundo, ela teve duas filhas, Ut Set e Nau Ut Set, que criaram o sol, a lua e as estrelas para que iluminassem o caminho. Ela também criou todas as pessoas da Terra, moldando-as a com argilas coloridas e, embora seja chamada de Mulher Aranha, seu verdadeiro nome é pronunciado apenas durante cerimônias sagradas.

Também conhecida como Avó Aranha, a Mulher Aranha é, além disso, uma deusa do pensamento, e tudo o que ela visualizou passou a existir. Ela detém as meadas que conectam o mundo mortal ao divino.

 Evoque a Mulher Aranha enquanto medita e abre seu chacra da coroa, para tocar na meada que conecta você ao universo. Ela vai conceder a energia universal necessária para manifestar seus objetivos.

ORIGEM: *Grega (Romana: Fortuna)*

MITOLOGIA: Deusa da fortuna e da sorte, Tiché é uma deusa cega frequentemente retratada com uma venda nos olhos. É uma indicação de que o destino não discrimina a quem concede sorte; e também faz referência ao fato de Tiché seguir sua intuição em vez de sua visão para determinar melhor os ventos do destino. Filha dos deuses Oceano e Tétis, Tiché ganhou imortalidade e foi elevada à posição de deusa por Zeus depois de ter ajudado a salvar o Olimpo dos planos de Gaia durante uma batalha com os Titãs. Muitas vezes, é retratada com uma roda da fortuna e uma cornucópia, já que rege tanto os rumos da sorte de um indivíduo quanto a abundância da vida. Sendo uma deusa instável, Tiché pode desviar a sorte das pessoas rapidamente.

Em seus santuários, os adoradores podem tomar conhecimento do próprio destino, já que ela também é responsável pelos oráculos. Como os soldados a adoravam e muitas vezes levavam seus símbolos para a batalha, sua lenda acabou se espalhando por muitos continentes.

 Evoque Tiché quando quiser a sorte e a fortuna ao seu lado. Faça oferendas tradicionais com mel, leite e bolos em formato de roda.

Afrodite

ORIGEM: *Grega (Romana: Vênus)*

MITOLOGIA: Ilustre deusa do amor e da beleza, Afrodite foi gerada já adulta da espuma do mar, dentro da concha de uma vieira, na qual ela navegou até a ilha de Chipre. Seu nome se traduz como "aquela nascida das ondas". Ela era conhecida por seu cinturão mágico bordado, capaz de seduzir qualquer amante, e sua lista de conquistas era enorme — incluía Ares, deus da guerra, e Adônis, que se tornou o deus da beleza e do desejo. Com ciúme do amor de Afrodite pelo belo mortal Adônis, Ares se transformou em um javali e matou seu concorrente durante uma caçada. Quando descobriu o corpo de seu amado, Afrodite chorou em cima dele, salpicando seu sangue com néctar e fazendo com que flores anêmonas brotassem do chão ao redor. É por isso que tais espécies possuem botões tão perenes e frágeis. Comovido pela dedicação de Afrodite, Zeus permitiu que Adônis se tornasse um deus, que passa metade do ano no Submundo e a outra metade na Terra com Afrodite.

Afrodite também adora companhia e muitas vezes viaja com espíritos amantes da diversão, os quais incluem as Três Graças: Tália (a que faz brotar as flores), Eufrosina (o sentido da alegria) e Aglaia (a esplendorosa). As Graças exemplificam os dons que Afrodite concede aos mortais para os quais escolhe sorrir: alegria, esplendor e abundância. Para ajudar os mortais a encontrar o amor romântico, ela os presenteia com um pouco de seu encanto e capacidade de atração. Suas plantas sagradas são as murtas, as rosas e as anêmonas. Muitos gregos usavam grinaldas com murtas no dia do casamento, em busca da benção de Afrodite.

♥ *Evoque Afrodite quando necessitar de mais amor em sua vida — seja o amor-próprio ou para se apaixonar. Atraia a atenção da deusa queimando incensos ou óleos aromáticos com seus aromas favoritos: olíbano e mirra.*

Cordélia

ORIGEM: *Galesa*

MITOLOGIA: Deusa das flores e da primavera, Cordélia é uma eterna rainha de maio, louvada durante o solstício de primavera. Sua lenda começa quando sua mão foi prometida a Gwythr ap Greidawl, um belo e valente guerreiro galês, a quem ela de fato amava. Porém, antes que pudessem se casar, ela foi sequestrada por Gwyn ap Nudd, deus do Submundo. Gwythr então reuniu um exército para resgatá-la, mas o rei Arthur interveio e decretou que os dois homens teriam de lutar por ela duas vezes por ano, e que as batalhas deveriam ocorrer na virada das estações. Assim, no início de cada primavera, celebra-se o retorno de Cordélia à superfície da Terra, quando ela se reúne com seu amor e assim sua alegria cobre o mundo de flores. Quando ela retorna ao Submundo, a Terra entra no inverno.

A história de Cordélia representa o eu como a única constante à medida que o tempo se movimenta e ocorre a troca de estações, e ela é um lembrete de que o amor-próprio deve vir antes de qualquer outra coisa. Creiddylad sempre traz abundância consigo, abençoando tudo ao seu redor com a renovação da vida.

Evoque Cordélia quando necessitar de um espírito amoroso para orientá-la a um relacionamento melhor com você mesma; principalmente quando estiver exercitando o amor-próprio.

Freya

ORIGEM: *Escandinava*

MITOLOGIA: Deusa nórdica do amor e soberana da guerra e da morte, Freya é uma linda feiticeira que anda em uma carruagem dourada puxada por gatos. De acordo com sua lenda, ela nasceu para mediar o conflito entre dois grupos de deuses nórdicos: o pacífico Vanir e o combativo Aesir. Ela se juntou aos reféns de Vanir em Asgard, o lar dos deuses de Aesir, e rapidamente os conquistou com seu encanto, estabelecendo assim a paz espiritual. Freya usa uma capa feita de penas de falcão que lhe permite viajar rapidamente entre o céu e a Terra. No campo de batalha, ela pôde escolher primeiro as almas que iriam residir com ela em seu enorme palácio em Asgard, onde celebram eternamente com alegria e prazer.

Por causa de sua beleza e amor ao prazer, Freya também é famosa por sua sexualidade em muitos dos seus mitos. Em um deles, ela é obcecada para pôr as mãos no famoso colar de âmbar, Brísingamen, que vive em posse dos quatro anões que o forjaram. Ela caiu de amores pelo belo colar no momento em que botou os olhos nele, e os quatro anões pediram então que ela pagasse o preço pela joia dormindo com cada um deles — beleza em troca de beleza.

Evoque Freya quando necessitar de um impulso ousado para embarcar em uma aventura em busca de seus desejos mais íntimos.

Hator

ORIGEM: *Egípcia*

MITOLOGIA: Antiga deusa egípcia do amor e da alegria, Hator é adorada há mais de três mil anos. Apelidada de Vaca Bondosa do Paraíso, ela forneceu leite ao seu filho, Ra, o Deus Sol, e a todos os faraós do Egito, o que os transformou em divindades. Ela também criou a Via Láctea a partir do leite em seus seios. Muitas vezes, ela é retratada usando uma coroa com um disco solar arrematado por dois chifres de vaca. Adorada pela realeza e pelo povo, Hator é louvada em cerimônias alegres repletas de música e dança. Foi a deusa mais amada em todo o panteão egípcio, e a maioria dos festivais de tal cultura são para venerá-la.

Devido a sua natureza amorosa, Hator também é a deusa do Submundo, onde espera, sob os ramos das árvores de sicômoros, pelas almas que deve levar ao além. A Dourada, como também é conhecida, é a protetora de todas as mulheres e padroeira dos laços românticos. Ela também é uma mutante que pode aparecer na forma das Sete Hator; estes espíritos surgem no ato do nascimento dos bebês e são capazes de prever seu futuro.

Seus símbolos são o sistro, um chocalho no formato de um *ankh* (a cruz ansata) e o espelho de mão.

 Evoque Hator quando estiver buscando mais alegria em sua vida amorosa, especialmente no início dos relacionamentos.

Ísis

ORIGEM: *Egípcia*

MITOLOGIA: Deusa da magia, Ísis é uma das entidades mais veneradas da mitologia egípcia. Por meio de seus poderes incríveis, ela é capaz de se transmutar em diferentes tipos de animais — e já foi personagem em muitos mitos, de diferentes culturas, ganhando o título de "Senhora dos Dez Mil Nomes". Ísis já executou todo tipo de milagres: ela é capaz de ressuscitar os mortos, curar doentes e conceder fertilidade. Uma curandeira abençoada, Ísis ensinou aos seres humanos sobre as características medicinais das plantas para tirar doenças.

A história mais famosa sobre Ísis envolve seu amado Osíris, que era seu marido e também irmão. Com ciúme do amor entre eles, Set, irmão de ambos, assassinou Osíris e depositou seu corpo em um caixão, enterrando-o debaixo de uma árvore. Ísis buscou por Osíris em todos os lugares, e quando ela finalmente o encontrou, Set roubou o corpo e o mutilou em catorze pedaços, espalhando-os por todo o Egito. Mergulhada no luto, Ísis se transformou em um falcão e encontrou todos os pedaços de seu marido — com exceção do pênis. Com seus poderes mágicos, ela juntou todos os pedaços com cera e construiu um pênis novo feito em ouro, ressuscitando Osíris em seguida. Durante o breve reencontro, eles conceberam uma criança juntos — o deus com cabeça de falcão, Ra, que, por sua vez, se vingou contra Set.

 Evoque Ísis quando necessitar de força para curar um coração partido e reencontrar a esperança.

Laka

ORIGEM: *Havaiana*

MITOLOGIA: Laka é uma bela deusa polinésia do amor e do espírito aventureiro, e seu nome significa "gentil, dócil, atração". Inventora da dança hula, Laka ensinou aos humanos a arte da hula como meio de contar histórias, preservando a história do povo havaiano e honrando seus diferentes deuses e deusas. Ela é casada com Lono, deus da fertilidade que desceu à Terra, especialmente para o casamento, em um arco-íris. A chuva conecta os dois, sendo, portanto, sagrada para Laka.

Aprendizes de dançarinos ainda constroem altares para Laka nos hula *hālaus* (as escolas que ensinam a hula), onde eles treinam antes de cada apresentação e, depois, juntam muitas flores e plantas queridas à Laka — como a *maile* (*alyxia*), a *hala pepe*, a *'ie 'ie*, a *ki*, a *'ôhia lehua* e a *palai* — para que sejam despejadas como oferendas ao oceano, em agradecimento por sua bênção.

 Evoque Laka quando quiser atrair amor ou riqueza para sua vida; ela vai lhe conceder segurança e revelar um caminho para a abundância.

Oxum

ORIGEM: *Iorubá*

MITOLOGIA: Oxum é uma deusa das águas doces, e seu domínio é o amor, a beleza e a criação. Ela é um dos sete principais orixás (espíritos divinos na religião iorubá, que possui catorze orixás no total) e é homônima a um rio na África Ocidental. A lenda diz que Oxum é a fonte de poder de todos os outros orixás. Ela faz todas as coisas fluírem no universo, tanto pelo amor quanto pela força, e foi enviada pelos outros orixás para intervir diante de Ogum, o orixá das ferramentas e pai da civilização, que se cansou de criar e cessou a evolução do mundo. Oxum foi a única capaz de levantar o ânimo dele e de incentivá-lo a voltar a criar. Oxum também é a única deusa capaz de transmitir mensagens entre o mundo mortal e o Criador Supremo no paraíso.

Na Nigéria, há uma cerimônia anual chamada *Ibo-Osun*, onde mulheres da aldeia dançam para a deusa durante um festival do inhame. A melhor dançarina ganha a bênção de Oxum e é escolhida para se tornar a conselheira da aldeia nos assuntos de cura e fertilidade — dois dos domínios da deusa. O amor de Oxum por coisas lindas e voluptuosas é um lembrete para apreciarmos os prazeres e o amor em nossas vidas.

 Evoque Oxum quando precisar perdoar ou se curar do amor, e para trazer a renovação em sua vida. Use joias amarelas, em bronze ou em cobre, para canalizar seu espírito.

Parvati

ORIGEM: *Hindu*

MITOLOGIA: Deusa dourada Hindu do amor e da devoção, Parvati forma uma santa trindade com Saraswati, a deusa do conhecimento, e Lakshmi, a deusa da fortuna. De acordo com a lenda, Parvati nasceu nas montanhas do Himalaia, filha do rei Himavat e da rainha Minavati. Ela é a encarnação da energia feminina cuidadora, em complemento ao seu marido, Shiva, o deus do caos e da regeneração. Adorada por sua paciência e determinação, Parvati conquistou Shiva ao subir às montanhas e praticar o ascetismo, até que ele não conseguiu resistir e passou o tempo todo tentando agradá-la. Ela também é lembrada por sua força e ferocidade; quando o herói Kartikeya, filho de Shiva, se tornou um monstro tomado pela luxúria e passou a violentar todas as mulheres que encontrava, Parvati o amaldiçoou, de modo que toda vez que ele tentasse estuprar uma mulher, esta personificava a imagem da própria Parvati — isto deu fim à fúria de Kartikeya.

Em outra lenda, Parvati se cansou das chacotas de Shiva devido a sua pele escura, então seguiu para as montanhas e mais uma vez praticou o ascetismo, até que o deus Brahma apareceu para lhe conceder seu desejo. Ela almejava uma pele dourada, então ele a abençoou ao separá-la de seu lado sombrio — o qual então se manifestou, já adulto, na forma da deusa Kali. Agora, Parvati tem mais de cem encarnações, dependendo de seu humor. Parvati também é conhecida pela criação de seu filho Ganesha, o benevolente deus com cabeça de elefante, o deus da sabedoria que remove os obstáculos do caminho.

 Evoque Parvati para obter força espiritual e persistência para atingir seus objetivos amorosos.

ORIGEM: *Grega*

MITOLOGIA: O início da vida de Psiquê, a deusa da alma, foi na forma de uma mulher mortal. Sua beleza era tão incomparável que os homens começaram a adorá-la em vez de louvarem à deusa Afrodite, o que irritou a ciumenta deusa do amor. Em uma tentativa de humilhar Psiquê, Afrodite ordenou que seu filho, Eros, usasse suas flechas do amor para fazer com que a mortal se apaixonasse por um homem horroroso. No entanto, quando Eros a viu, ele mesmo se apaixonou e a sequestrou, tornando-a sua noiva em segredo. Ele então construiu um lindo palácio para ela, onde Psiquê ficava sozinha, exceto à noite, quando Eros se deitava na cama deles, envolto pela escuridão e pelo mistério. No entanto, ela nunca podia ver o rosto de seu amado ou tomar conhecimento de sua identidade. Durante algum tempo, eles viveram felizes, mas em uma das visitas à casa, as irmãs de Psiquê plantaram a sementinha da dúvida em sua mente. Então, certa noite, para descobrir a identidade de seu noivo, Psiquê acendeu uma vela furtivamente, enquanto Eros dormia. Ela ficou tão encantada com aquele rosto lindo, que não notou quando a cera de vela pingou em cima dele, acordando-o. Eros ficou tão furioso com a traição que acabou fugindo, e o palácio desabou em cinzas.

Arrasada com sua perda, Psiquê procurou a única pessoa que conhecia o paradeiro de Eros — sua vaidosa mãe. Afrodite olhou impiedosamente para Psiquê e lhe deu tarefas quase impossíveis em troca de revelar a localização de Eros: classificar e separar milhares de grãos amontoados em um cômodo em uma única noite; roubar a lã do velocino de ouro; trazer um pouco de água do rio Estige (cuja nascente ficava aos pés de uma montanha impossível de se escalar); e viajar até Hades para tomar emprestada a beleza de Perséfone. Tendo completado cada tarefa incansavelmente, Psiquê finalmente vacilou em seu retorno de Hades. Mas, incapaz de resistir à atração pela caixinha mágica de Perséfone, ela abriu o recipiente e acabou sendo morta pelo bálsamo que emanava dali, poderes intensos demais para a mera mortal. Eros então surgiu em seu resgate, levando-a ao Olimpo, onde implorou a Zeus pela vida da amada. Zeus então deu a Psiquê uma xícara de ambrosia, que não só a ressuscitou, como a transformou em uma deusa; os dois amantes então passaram a eternidade juntos, tendo dois filhos, Prazer e Deleite. Devido à sua transcendência de mortal à deusa, Psiquê muitas vezes é retratada com asas de borboleta.

 Evoque Psiquê quando desejar forças para perseverar pelos desafios obscuros na busca pelo que ama. Recorrer a ela será um exercício de união entre seu coração e sua alma, a fim de encontrar sua própria divindade interior.

Áine

ORIGEM: *Celta*

MITOLOGIA: Deusa solar do amor e da luz, Áine é uma rainha das fadas da Irlanda, e a cidade de Limerick é especialmente sagrada para ela. Ela rege a agricultura e os animais, e é festejada todos os anos no Festival do Solstício de Verão. As pessoas acendem tochas e sobem por sua colina, a *Cnoc Áine*, a fim de pedir sua benção para suas fazendas. Acredita-se que Áine e suas fadas comemoram o festival do outro lado da colina, e que, às vezes, ela é capaz de aparecer para as jovens e assim levá-las às festas das fadas.

Retratada como uma deusa forte e amorosa, em muitos mitos Áine também é citada como uma sobrevivente do abuso sexual; além disso, ela orienta seu povo — principalmente as mulheres — rumo ao calor do sol, para ajudá-lo a encontrar seu poder interior e a regeneração. Em determinada história, Áine é estuprada pelo rei Ailill Aulom de Munster; para se defender, ela morde a orelha dele, o que o torna inelegível ao trono. Em outra narrativa, Gerald, o Conde de Desmond, flagrou Áine tomando banho em um lago e roubou sua capa para que ela se casasse com ele. Quando ela se recusou a fazê-lo, Gerald a estuprou e, enfurecida, ela o transformou em um ganso. No entanto, ela terminou por dar à luz um filho talentoso que veio a se tornar conhecido como Merlin.

Áine é retratada com cabelos vermelhos flutuantes e uma faixa de cabelo cheia de estrelas, muitas vezes vestindo amarelo e cercada por animais: uma égua ruiva, um coelho e um cisne. De acordo com outra lenda, Áine pode se transformar em uma égua vermelha capaz de ultrapassar qualquer um.

 Evoque Áine para ajudá-la a encontrar sua força interior, para enfrentar os desafios presentes ou superar traumas.

Amaterasu

ORIGEM: *Xintoísta*

MITOLOGIA: A deusa solar Amaterasu nasceu do olho esquerdo do deus Izanagi. Seus domínios abrangem a terra e o mar; ela representava calor e a beleza do sol. Protetora e provedora benevolente para os humanos, Amaterasu os presenteou com o arroz, a seda e o tecido. No entanto, Amaterasu frequentemente entrava em conflito com seu irmão Susano-o, o Deus das Tempestades — uma rivalidade que atingiu seu ápice quando o pai de ambos baniu Susano-o do paraíso. Em resposta, Susano-o teve um ataque de fúria e destruiu os campos de arroz de Amaterasu, encheu seu trono de fezes e espalhou a pele dilacerada de um cavalo (seu animal sagrado) em sua oficina de tecelagem, matando uma de suas auxiliares.

Enojada e furiosa, Amaterasu se escondeu em uma caverna, cerrando a luz do sol consigo. Tomada pela escuridão, toda a vida na Terra foi morrendo, e os *kami* (seres divinos xintoístas) começaram a se preocupar. Então, milhões de *kami* se juntaram diante da caverna, pedindo a Amaterasu que saísse, mas sem sucesso. Finalmente, Uzume, o espírito da alegria, começou a dançar e atraiu a atenção de todos os *kami*, que começaram a rir, a cantar e a aplaudir com a linda dançarina. Quando Amaterasu gritou para perguntar o que estava acontecendo, alguém disse a ela que outra deusa tinha vindo para substituí-la. Então a curiosidade levou a melhor sobre Amaterasu: ela espiou para além da caverna e olhou diretamente para um espelho mágico que os *kami* haviam instalado lá fora. Nunca tendo visto seu reflexo até então, Amaterasu ficou momentaneamente fascinada pela própria beleza. Foi aí que um outro *kami* aproveitou a oportunidade para tirá-la de seu exílio e restaurá-la ao seu trono. Devido à importância de Amaterasu, o Japão é chamado de Terra do Sol Nascente, e é dito que todos os imperadores são descendentes desta deusa.

 Evoque Amaterasu quando quiser reconhecer seu poder interior e encontrar a coragem para permiti-lo brilhar.

Ártemis

ORIGEM: *Grega (Romana: Diana)*

MITOLOGIA: Deusa grega da caça, da vida selvagem e da lua, Ártemis é a feroz protetora das florestas e de todas as criaturas selvagens. Aos três anos, pediu ao seu pai, Zeus, um arco e flecha, uma túnica de caça na cor do açafrão e cães de caça, e assim partiu para viver na floresta. Também pediu para nunca ser forçada a se casar. Devido à sua força e independência, Ártemis é muitas vezes convocada como deusa padroeira das meninas do momento em que estas atingem seus nove anos de idade até o casamento. Seus seguidores a louvam em um antigo festival anual que acontece em Brauron, perto do mar Egeu, onde também se encontra seu templo sagrado. Moços e moças costumam realizar o ritual da dança do urso selvagem para expressar seu espírito livre. Ártemis costumava viajar com um grupo de ninfas e frequentemente realizava noites de festividades que envolviam danças eróticas e pessoas mascaradas.

Uma caçadora habilidosa, Ártemis era igualmente amada e temida por todos. Em determinada lenda, Órion era seu parceiro de caça; mas, quando ele tentou estuprá-la, ela o matou, e ele se tornou uma constelação no céu noturno, governado por ela. Ao mesmo tempo em que ela mesma abrira mão do casamento e da procriação, Ártemis sempre estivera associada à fertilidade depois de ajudar no parto de seu irmão gêmeo, Apolo, que representa a masculinidade e o sol complementares à feminilidade e à lua de Ártemis. Esta deusa é frequentemente evocada para orientar as mulheres durante um parto complicado. Ela usa uma tiara ornada por uma lua crescente, o símbolo de sua soberania sobre as regiões selvagens, e seus animais são os cervos, os ursos e os javalis.

> *Evoque Ártemis quando necessitar de ajuda para se concentrar tal como uma caçadora na busca de seus objetivos, e para obter força espiritual.*

Deméter

ORIGEM: *Grega (Romana: Ceres)*

MITOLOGIA: Deusa da colheita, Deméter é mais conhecida pela história que envolve sua filha, Perséfone, rainha do Submundo. Apaixonado pela beleza de Perséfone, Hades, deus do Submundo, simplesmente a sequestrou. Deméter começou então a buscar sua filha por todos os cantos; e, em função de seu pesar, as plantas e safras começaram a murchar e a morrer. Por fim, Hécate, a deusa da magia, conseguiu ajudar Deméter a localizar Perséfone no Submundo. Mas, quando Hécate foi negociar a liberdade de Perséfone, Hades disse que Perséfone poderia ir embora apenas caso não tivesse comido nada no Submundo. Infelizmente, Perséfone havia se alimentado de algumas sementes de romã; sendo assim, ficou acordado que ela precisaria retornar a Hades todos os anos. Sempre que Perséfone desce aos domínios de Hades, Deméter se aflige, e o mundo adentra no outono e no inverno; quando Perséfone volta para a mãe, a primavera e o verão desabrocham.

Durante sua busca por Perséfone, Deméter foi até a cidade de Elêusis, na Grécia. Lá, ela foi babá dos dois filhos do rei. Em gratidão, ela planejou tornar um deles imortal, colocando-o em uma fogueira para queimar lentamente o seu eu mortal. No entanto, a rainha flagrou a cena e gritou de pavor, fazendo com que Deméter abandonasse o ritual. Foi então que ela revelou a eles que era uma divindade e resolveu agradecê-los de outra forma, ensinando-os a plantar, a colher e a cultivar grãos — levando assim o dom da agricultura para a humanidade.

 Evoque a bênção de Deméter quando quiser plantar, colher e cultivar seus sonhos mais profundos para que se tornem realidade; e recorra também à sua força para obter tudo o que deseja.

ORIGEM: *Grega (Romana: Aurora)*

MITOLOGIA: Deusa titânide do amanhecer, Eos puxa a cortina da noite, levando embora sua irmã, Selene, a deusa da lua, e trazendo seu irmão, Hélios, deus do sol, para assim dar início ao dia. Representada com dedos rosados, vestes das cores do açafrão, uma tiara brilhante e asas emplumadas, Eos era uma bela deusa cheia de amantes. A maioria deles, belos jovens sequestrados do mundo mortal.

Em seu longo romance com Astraeus (deus titã do crepúsculo), ela teve quatro filhos, os quatro ventos: Bóreas, o vento norte; Nótus, o vento sul; Zéfiro, o vento oeste; e Eurus, o vento do leste. Ela geralmente anda em uma carruagem de ouro, ou voa usando as próprias asas, carregando uma tocha para iluminar os céus em tons de rosa e trazer o amanhecer, afugentando todos os espíritos noturnos malignos.

 Evoque Eos quando quiser ajuda para iluminar os caminhos de sua vida, e para que a luz dela espante seus demônios interiores.

Gaia

ORIGEM: *Grega (Romana: Terra)*

MITOLOGIA: Nascida do caos universal anterior a tudo, de acordo com a mitologia grega, Gaia é a deusa-mãe que criou toda a vida. A encarnação da Mãe Terra propriamente dita, ela criou as montanhas, o mar e o céu. O céu era chamado Urano, e ela o tomou como amante. Juntos, Gaia e Urano tiveram filhos poderosos, os Titãs, dentre eles, Chronos (tempo). Gaia ficou tão apaixonada pelo mundo que estava criando com seus filhos que Urano ficou extremamente enciumado. Cansada de seus rompantes, Gaia então criou uma foice e a entregou ao seu filho Chronos, para assim resolver o problema. Chronos a utilizou para decepar os genitais de Urano. Quando o sangue de Urano pingou no mar, brotaram mais filhos no panteão grego, incluindo as Fúrias, os Gigantes e as Ninfas. Gaia existiu antes de Zeus e de todos os outros deuses; estes são os filhos dos filhos dela.

Gaia representa a natureza selvagem e crua, está associada à expressão da raiva por meio dos terremotos para nos lembrar que a Terra é uma presença viva. Os gregos construíram muitos templos perto de abismos profundos para se vincular mais intimamente a ela; seu templo mais sagrado ficava em Delphi. Os seguidores a louvam oferecendo bolos de cevada e mel, depositados em suas cavernas sagradas ou em buracos no solo. Eles realizam tais rituais antes das colheitas ou da extração de coisas da terra.

 Evoque Gaia quando necessitar de apoio durante um momento difícil em sua vida; empodere-se por meio da natureza, saindo ao ar livre ou plantando os pés descalços na terra.

Lakshmi

ORIGEM: *Hindu*

MITOLOGIA: Deusa hindu da fortuna e da prosperidade, dizem que Lakshmi nasceu de uma flor de lótus no ato da criação do universo. No Hinduísmo, um deus masculino é inativo até ser emparelhado a uma deusa feminina, cuja energia ativa seu poder. Lakshmi está emparelhada a Vishnu, que concede vida e proteção a todos na Terra — e em seu mito eles sempre se mantiveram juntos ao longo de muitas encarnações.

Padroeira da abundância na Terra e da alma, esta deusa dourada é frequentemente retratada com quatro braços para representar os quatro objetivos hindus da vida: *kāma* (amor), *dharma* (moral e ética), *artha* (propósito) e *moksha* (autoconhecimento e libertação). As vacas são um de seus animais sagrados, uma vez que representam o trabalho árduo e a labuta, os quais a deusa incentiva na busca pela abundância terrena. As corujas e elefantes também são seus animais: corujas representam a perseverança para enxergar através da escuridão e do desconhecido; elefantes representam a ética e a força no trabalho.

Lakshmi é adorada durante o *Diwali*, o festival Hindu das luzes. Para atrair a sorte, as pessoas limpam e decoram suas casas com luzinhas brilhantes e se vestem com trajes belos e novos. Muitas vezes, Lakshmi é retratada vestindo roupões vermelhos bordados com ouro e coberta pelas mais lindas joias e pérolas.

Evoque Lakshmi quando necessitar perseverar rumo aos seus objetivos e para continuar seguindo em frente.

Liễu Hạnh

ORIGEM: *Vietnamita*

MITOLOGIA: Princesa-fada filha do Imperador de Jade (a Divindade Suprema Taoísta), Liễu Hạnh foi enviada à Terra para viver como uma mortal depois de quebrar uma preciosa tigela de jade em sua casa celestial. Em sua casa terrena em Tien Huong, no Vietnã, Liễu Hạnh cresceu para amar os seres humanos, e assim conheceu um homem gentil com quem se casou. Ela reencarnou várias vezes na Terra antes de sua ascensão final aos céus, quando então escolheu retornar à Terra como deusa do reino celestial. Liễu Hạnh se tornou um símbolo de divindade e força femininas, escolhendo traçar seu caminho por conta própria.

Como uma das Quatro Imortais, divindades superiores adoradas pelos vietnamitas na região do Delta do rio Vermelho, Liễu Hạnh é também uma deusa que cuida da poesia, da música e da pintura — levando tais artes ao mundo mortal. As pessoas a louvam e pedem sua bênção quando buscam talento e inspiração. Ela está associada à tradicional música *chao van*, e quando as pessoas a tocam, elas se conectam à deusa. Liễu Hạnh abençoa as pessoas boas e castiga as mal-intencionadas. Ao longo da história do Vietnã, diversos governantes, sabedores do poder de Liễu Hạnh, tentaram oprimir a deusa queimando seus templos; isto fez com que todos os animais morressem vítimas de doenças misteriosas, espalhando pânico entre os aldeões, até que foram feitas novas oferendas à deusa e o governo construiu novos templos em sua homenagem. Agora, Liễu Hạnh é a figura principal no culto à deusa Đạo Mẫu.

 Evoque Liễu Hạnh para se conectar à energia da divindade feminina e para buscar poder para traçar seu caminho.

Iansã

ORIGEM: *Iorubá*

MITOLOGIA: Deusa das tempestades e dos ventos, Iansã é uma feiticeira poderosa que controla o rio Níger, na Nigéria. Ela é casada com o deus do trovão, Xangô, e envia ventos para alertar às pessoas sobre a chegada de seu marido. Iansã também é uma deusa mutante; ela já apareceu na forma de um antílope ou de um búfalo d'água para se juntar ao reino mortal, e quando vai fazer compras pelos mercados, ela se desfaz da pele para parecer uma mulher mortal. Forte defensora da justiça, Iansã condena todo o uso indevido de poder.

Iansã é também a portadora das mudanças repentinas. E é a deusa do renascimento — ela retira da escuridão e leva à luz todos aqueles que a veneram. Como guardiã das mulheres, ela ajuda os mortos em sua passagem e guarda os cemitérios. Ela também pode adiantar a morte ou atrasar sua chegada quando as pessoas estão no fim de suas vidas. Sua associação à escuridão e sua natureza tempestuosa fazem dela uma poderosa deusa da magia. Castanho e cobre são suas cores favoritas; muitas vezes, ela é retratada vestindo um ornamento de cabeça feito de cobre, além de pulseiras, e seus seguidores usam contas acastanhadas para invocar suas bênçãos.

 Evoque Iansã quando necessitar de força para proferir sua verdade; assim como controla os ventos da natureza, Iansã também controla os ares de nossa respiração.

Pele

ORIGEM: *Havaiana*

MITOLOGIA: Pele é a deusa havaiana do fogo e a criadora das ilhas havaianas. Uma dentre os muitos filhos de Haumea e Kanehoalani, a ambiciosa e impetuosa Pele sempre esteve em constante conflito com vários de seus irmãos — principalmente a deusa do mar, Namaka. Muitas vezes Pele criava fogueiras por todas as ilhas, e Namaka estava constantemente extinguindo suas chamas. Pele terminou sendo expulsa por seus pais, e então partiu em uma canoa com outros irmãos que desejaram seguir com ela — incluindo a deusa da nuvem Hi'iaka —, e assim eles construíram as ilhas do Havaí, por meio de seu talento especial para a criação de vulcões. Depois de ser perseguida por Namaka, que tentava extinguir sua trilha de chamas, Pele desapareceu no vulcão Kīlauea, onde ainda reside.

O vulcão de Pele está localizado na ilha de Havaí, e é um dos mais ativos do mundo. Para impedir erupções, oferendas com flores, cana-de-açúcar, morangos e outros presentes são lançadas em sua cratera. Ela é uma deusa ativa e adaptável, que gosta de interagir com os mortais em suas ilhas. Existem muitas lendas urbanas em torno de seu mito. Algumas afirmam que, à noite, ela aparece nas rodovias da ilha, na forma de uma velhinha, pedindo um cigarro, ou na forma de uma mulher de vestes vermelhas, que dança à boca do vulcão. Pele abençoa os mortais com proteção, fornecendo avisos por meio de suas muitas manifestações. Mas também é fácil irritá-la. Acredita-se fortemente que, se você roubar rochas de seus vulcões, Pele vai amaldiçoar você.

 Evoque Pele quando estiver buscando forças para seguir suas convicções.

Ala

ORIGEM: *Igbo*

MITOLOGIA: Filha do Criador Supremo, Chi, Ala é uma das Alusi (divindades) mais importantes na África Ocidental. Ela é a rainha da vida e da morte, e traz abundância tanto para os humanos quanto para a terra, porém traz tão rapidamente quanto retira. Ala é detentora da moralidade para os humanos, e aqueles que transgridem e cometem crimes são punidos por ela. Muitas vezes, ela alerta as pessoas para que refaçam seu rumo, primeiro por meio dos sonhos, e aí depois envia seu exército de formigas.

O costume de enterrar nossos mortos no solo vem da lenda de Ala. Ela decretou que todas as almas devem ser devolvidas ao seu ventre. Ala é frequentemente retratada sentada em um trono dourado, ao lado de seu marido, Amadioha, o Alusi dos céus. Seu mensageiro terreno é a cobra píton, altamente reverenciada nas comunidades Igbo.

 Evoque Ala quando quiser encontrar justiça ou se proteger daqueles que querem seu mal.

Brígida

ORIGEM: *Irlandesa*

MITOLOGIA: Deusa altamente amada e respeitada no período Celta, Brígida é a deusa solar das artes criativas, matriarca da poesia, da música e do artesanato. Sendo uma das deusas proeminentes no folclore irlandês, ela também cuida da sabedoria, da fertilidade e da cura.

Filha de Dagda, deus da fertilidade, ela se casou com Bres, um rei irlandês de uma tribo inimiga, na esperança de dar fim à disputa entre seus povos. Infelizmente, eles não tiveram sucesso, e seus três filhos foram enviados a uma grande batalha entre as duas famílias. Quando seus filhos morreram, Brígida foi a primeira a chorar seu luto, e seus lamentos dolorosos foram ouvidos de forma tão intensa por toda a Irlanda, que finalmente ambos os lados da guerra largaram as armas e forjaram a paz. Brígida também recebe créditos pela invenção do assobio, que tanto alerta seus amigos para se postarem ao seu lado quanto serve de proteção para as mulheres.

Dizem que em todos os lugares por onde ela passa nascem pequenas flores e trevos. Brígida possui um templo antigo em sua homenagem, em Kildare, onde se encontram uma chama eterna e um poço de cura milagrosa; o hábito de jogar moedas em poços para realizar desejos se originou da adoração a Brígida. A deusa é associada à chegada da primavera, pois seus dons trazem luz, inspiração e a energia curativa do sol para o mundo. Até hoje, em todo dia primeiro de fevereiro, ela é reverenciada durante o festival de *Imbolc*, na Irlanda.

Evoque Brígida para ajudar a trazer a paz ao seu coração, para curar dores antigas e para inspirar luz a um novo caminho em sua vida.

Durga

ORIGEM: *Hindu*

MITOLOGIA: Conhecida como A Invencível, a deusa da guerra, Durga (também chamada Devi ou Shakti) nasceu do sopro flamejante de dezenas de deuses durante a guerra original entre deuses e demônios. Representada como uma deusa dourada cravejada de joias e com dez braços, cada um deles segurando uma arma entregue a ela pelos deuses, Durga cavalgou um tigre e matou rapidamente o demoníaco líder dos búfalos, Mahishasura, bem como seu exército de demônios. Durga tradicionalmente detém as armas de todos os deuses do sexo masculino, uma vez que na crença Hindu a energia das divindades femininas é o que fornece energia e poder a tudo.

Uma protetora feroz, Durga muitas vezes é retratada com um rosto sereno, mesmo durante a batalha, pois sua força vem de um ato de amor, de proteger aqueles que a cercam, de libertar as almas que dela dependem. Ela é louvada durante um festival de dez dias no outono, o *Durga Puja*, e são feitas oferendas com flores, frutas, mangas e guirlandas de cravo-amarelo.

Evoque Durga para buscar proteção quando estiver sofrendo espiritualmente, emocionalmente ou fisicamente.

Hécate

ORIGEM: *Grega (Romana: Trivia)*

MITOLOGIA: Deusa da magia e Rainha das Encruzilhadas, Hécate é uma divindade lunar associada à lua nova. Ela é frequentemente acompanhada por *caninos/canídeos* e retratada com três cabeças. Também é detentora da chave dos arcabouços, capaz de abrir qualquer portal, o que por sua vez também faz dela a guardiã do Submundo. Os espectros estão sob seu domínio, e ela os comanda a seu bel-prazer, como uma mediadora entre os vivos e mortos. Hécate pode ser encontrada bem na divergência entre três vias, assim como em cemitérios e cenas de crime. Sua lenda afirma que, uma vez que ela é a testemunha de todos os crimes, Hécate é considerada uma grande protetora e é adorada e invocada para tal.

Seu poder é honrado acima de todos os outros por Zeus, e ela é uma mensageira entre outras divindades. Certa vez, Hécate roubou um unguento de beleza de Hera para dá-lo a Europa, rival de Hera. Em um surto de fúria, Hera perseguiu Hécate, mas jamais a pegou, visto que esta fugiu para o leito de uma mulher que dava à luz, e depois para um funeral, para enfim mergulhar em um lago em Hades, de onde saiu purificada, emergindo mais forte do que nunca. Depois disso, Hécate se tornou a deusa do nascimento, da morte e da regeneração.

 Evoque Hécate à noite, à luz de velas, quando estiver buscando proteção; física e espiritual. Os caninos/canídeos são seu animal espiritual, e muitas vezes ela atende por meio deles.

Kali

ORIGEM: *Indiana*

MITOLOGIA: Deusa selvagem da destruição, Kali existiu antes mesmo de o Hinduísmo chegar à Índia. Rumores dizem que ela nasceu no início dos tempos, se manifestando quando os demônios ameaçavam a Terra. Kali também é conhecida como uma encarnação sombria da deusa Parvati. Sua incontrolável dança da destruição salvou o mundo, mas depois começou a destruí-lo, até que seu amado Shiva a ajudou recuperar o controle de suas atitudes.

Para aqueles que adoram Kali, ela é uma figura materna calorosa e amorosa. Representada com pele negra e uma língua pontuda, Kali é uma guardiã leal para quem clama por sua proteção. Ela é responsável pela vida e pela morte, e seus poderes trazem proteção, saúde, abundância e fertilidade aos seus devotos. Kali possui uma natureza caótica, e seus cabelos selvagens e desgrenhados dialogam com sua essência original; sua personalidade extrema dificulta sua compreensão. Seus seguidores acreditam que compreendê-la é se ver verdadeiramente livre do medo.

 Evoque Kali quando estiver buscando proteção e quiser superar seus medos.

Kuan Yin

ORIGEM: *Chinesa*

MITOLOGIA: Deusa da compaixão e da bondade, Kuan Yin começou sua vida como uma princesa mortal chamada Maio Shan. Seu pai, um rei cruel, obrigou suas duas irmãs mais velhas a se casarem com homens ricos, porém vis. Ao constatar a infelicidade delas, Kuan Yin pediu para ser enviada a um templo para trabalhar e viver em adoração. O rei atendeu ao seu pedido, mas ordenou aos residentes do templo que a incumbissem de tarefas domésticas inferiores e a fizessem trabalhar enquanto todos dormiam. Vendo as dificuldades que ela tolerava sem reclamar, todos os animais do templo se dispuseram a ajudá-la. Os tigres reuniram lenha para o fogo, as cobras trouxeram água, os pássaros colheram vegetais e o espírito do fogo cozinhou a comida. Quando o pai de Kuan Yin ouviu falar dos milagres ocorridos no templo, se irritou e ordenou que ela fosse morta.

Quando Kuan Yin foi conduzida pelos portões da vida após a morte, ouviu um grito de sofrimento vindo lá de baixo. Optou então por manter a forma humana e se tornou uma *bodhisattva* (pessoa capaz de alcançar o nirvana, mas que opta por atrasá-lo a fim de ajudar as almas sofredoras). Sua benevolência a transformou em deusa. Agora, o mero fato de pronunciar seu nome já é suficiente para evocar proteção contra o mal. Muitas vezes retratada usando uma túnica branca e sentada em um trono de lótus, Kuan Yin é uma divindade amada que concede misericórdia e compaixão a qualquer um que chame seu nome. Ela é uma vegetariana dedicada, e seus devotos também devem seguir sua dieta, principalmente em seus dias sagrados.

 Evoque Kuan Yin quando necessitar de compaixão e misericórdia, seja para si ou para terceiros.

Ma'at

ORIGEM: *Egípcia*

MITOLOGIA: Deusa antiga da verdade e da justiça, Ma'at cuida de tudo o que é certo e moral. Ela possui um papel importante no julgamento da vida após a morte, onde o coração de um mortal é pesado em uma balança, com uma pena de avestruz no outro prato. Se o coração for igual ou mais leve do que a pena, então a alma terá sua entrada garantida na vida eterna em Aaru, o paraíso egípcio. Se pesar mais do que a pena, será devorado pelo demônio Amit, e a alma estará condenada a permanecer em Duat, o Submundo egípcio.

Ma'at está intimamente vinculada ao Deus Sol, Ra, já que ela está sempre observando os domínios mortais toda vez que ele nasce e se põe. Os egípcios vivem sob os códigos de Ma'at, seguindo suas quarenta e duas declarações morais para garantir a harmonia e a ordem no universo. Ela é muitas vezes retratada como uma linda mulher, com asas de falcão, usando sua famosa plumagem de avestruz como ornamento de cabeça.

 Evoque Ma'at quando quiser que uma situação seja abordada de maneira justa e honesta.

Mazu

ORIGEM: *Chinesa*

MITOLOGIA: Deusa do mar, Mazu nasceu mortal, porém com poderes extraordinários, na pequena ilha de Meizhou, na província de Fujian, parte do estreito entre Taiwan e a China. Milagrosamente, ela não chorou ao nascer, o que levou seus pais a batizarem-na Lin Moniang, que significa "garota silenciosa". Ela ganhou uma segunda visão — a capacidade de enxergar o futuro — ao visitar uma estátua da deusa Kuan Yin. Aos treze anos de idade, seu extraordinário dom de prever as condições meteorológicas a levou a estudar sob a tutela de um monge taoísta, que a ensinou seus encantos e sua ciência secreta.

Uma das lendas mais conhecidas sobre Mazu surgiu quando ela tinha dezesseis anos: enquanto trabalhava com tecelagem em casa, teve uma visão de seu pai e de seu irmão com problemas no mar. Então se projetou até onde eles estavam e acalmou as ondas, guiando-os à segurança. No entanto, sua mãe encontrou o corpo de Mazu desfalecido no chão de casa e a sacudiu, temendo que estivesse morta — gesto que tirou Mazu de seu transe antes que ela pudesse resgatar seu pai, que acabou morrendo. Aos vinte e poucos anos, ela transcendeu ao paraíso, do topo de uma montanha, escoltada pelas fadas ao longo de um arco-íris, se tornando assim uma deusa protetora para todos. Pessoas com percalços no mar já relataram aparições de Mazu vestida de vermelho, controlando o clima e resgatando viajantes dos males caso estes chamassem seu nome.

 Evoque Mazu quando estiver com problemas, especialmente durante uma viagem ou no mar, e ela guiará você em momentos difíceis.

Rhiannon

ORIGEM: *Galesa*

MITOLOGIA: Uma deusa poderosa e princesa das fadas, Rhiannon aparece para seus seguidores montada em um magnífico cavalo branco, usando vestes reais. Rhiannon é acompanhada por seus três pássaros do Mundo Espiritual, e seus cantos têm o poder de acalmar uma pessoa no momento da morte, de ressuscitar os mortos ou de curar a dor e a tristeza. E ao passo que sua história é triste, ela sempre supera todos os obstáculos em seu caminho.

Muito embora já tivesse sido prometida a outro por seus pais, o rei e a rainha fada, Rhiannon escolhe se casar com um mortal, o rei Pwyll, senhor e herói de Dyfed. Ela então abandona o reino das fadas e aparece para ele em seu cavalo branco reluzente, e ele fica imediatamente fascinado. Daí ele a persegue por três dias, mas parece incapaz de alcançá-la, mesmo que ela nunca pareça acelerar seu ritmo. Finalmente, ele implora para que Rhiannon pare, e ela obedece. Ela então se apresenta e declara sua intenção de se casar com ele. Eles concretizam/consumam a união rapidamente, e ela segue com ele para seu reino mortal, e alguns anos depois eles têm seu primeiro filho.

Infelizmente, o recém-nascido é sequestrado quando os criados responsáveis pelos cuidados da criança adormecem. Temendo levar a culpa, os criados matam um cachorrinho e mancham o rosto de Rhiannon com sangue enquanto ela dorme. Como já existiam rumores de que ela fosse uma feiticeira, o sangue leva Pwyll a acreditar que ela tenha matado e devorado seu bebê. Ele então a castiga enviando-a para os estábulos, onde ela é obrigada a confessar seu crime a todos os viajantes que passam por ali e a se oferecer para levá-los em suas costas, como se ela fosse um cavalo. Até que um dia um lorde nas proximidades mata um monstro que frequentemente vinha roubando potros de seu celeiro. O monstro deixa então um bebê à porta de sua casa. Esta criança cresce de uma maneira sobre-humana, e o lorde e sua esposa reconhecem a semelhança dela com o rei, devolvendo-a aos pais legítimos. Rhiannon então se vê livre das acusações e é restaurada ao posto de rainha.

 Evoque Rhiannon para ter força para superar seus inimigos e para encontrar a magia dentro de si para realizar seus desejos.

Tara

ORIGEM: *Hindu*

MITOLOGIA: Deusa da compaixão e da proteção, Tara é uma das divindades mais amadas e notáveis, e é conhecida por muitas religiões orientais. Tara nasceu de uma única lágrima do olho de Bodhisattva Avalokitesvara, depois que ele baixou o olhar do paraíso e flagrou o sofrimento da humanidade lá embaixo. No momento em que a lágrima caiu em sua palma, Tara brotou, já adulta, trazendo coragem e esperança. Algumas lendas também afirmam que ela foi reencarnada como uma princesa mortal que meditou até o último estágio da iluminação — e que insistiu em manter sua forma feminina em todas as suas reencarnações, apesar dos avisos dos monges de que ela precisava se tornar um homem para atingir seu verdadeiro potencial. Tara incorpora a divindade feminina e se manifesta em até vinte e uma formas diferentes, mais frequentemente associadas a uma cor.

A Tara Verde é uma das manifestações mais populares e ativas da deusa. Considerada a deusa mais forte e original, a Tara Verde protege de toda a energia negativa e dos oito perigos célebres: os leões e o orgulho; os elefantes e a ilusão; o fogo e o ódio; as cobras e a inveja; os ladrões e o fanatismo; as prisões e a ganância; as catástrofes aquáticas e a luxúria; e os demônios e a dúvida. Portadora da alegria, Tara também é curandeira e capaz de realizar desejos. Muitas vezes, ela é retratada sentada em um lótus serenamente, com a perna direita estendida para simbolizar sua capacidade de entrar em ação.

 Evoque Tara para conseguir ajuda imediata. Ela é uma deusa da velocidade, e confere empoderamento à sua sabedoria interior para ajudar nas dificuldades.

Iemanjá

ORIGEM: *Iorubá*

MITOLOGIA: Também conhecida como Mama Watta ("Mãe das Águas") na diáspora africana, onde sua lenda se espalhou, Iemanjá é uma orixá iorubá, um espírito divino, que deu à luz a vida da Terra. Portanto, ela é a deusa das águas vivas, ou seja, dos oceanos, e mãe dos catorze orixás.

Ao mesmo tempo em que ela é muito conhecida por seu temperamento controlado, quando irritada, Iemanjá pode ser violenta e implacável, tal como uma tempestade no oceano. Uma vez que rege toda a vida aquática, ela muitas vezes é representada na forma de uma sereia, e suas conchas coloridas representam sua vasta riqueza. Iemanjá também é a protetora de mães e filhos, e as mulheres rezam a ela para curar a infertilidade. A lua crescente e todas as questões do feminino estão sob seus domínios.

Evoque Iemanjá quando quiser se desfazer de seus pensamentos penosos, para permitir que ela carregue para longe suas preocupações. Conecte-se a ela por meio do oceano e fazendo oferendas com rosas brancas.

DIVINAS MULHERES
Ann Shen
Reinvenção

Bast

ORIGEM: *Egípcia*

MITOLOGIA: Bast é uma deusa egípcia felina que rege o sexo, a magia e o prazer. Ela surgiu pela primeira vez como deusa leoa e protetora dos egípcios durante as batalhas. Conforme os gatos domésticos foram ganhando mais prestígio e proeminência na cultura egípcia, sendo reverenciados por sua nobreza, higiene e por controlarem a população de roedores — e, desta forma, protegerem a população humana de doenças —, Bast evoluiu para uma deusa dos gatos. Os gatos são sagrados para ela e para os egípcios, sendo amplamente protegidos e até mumificados em tumbas.

Amante do prazer e da beleza, Bast é homenageada com um magnífico templo construído em Bubastis, antiga capital do Egito. Ela é reverenciada em um festival anual onde barcos navegam pelo Nilo até seu templo. Os barcos carregam principalmente mulheres, já que Bast rege a sexualidade feminina, e elas dançam desenfreadamente e levantam suas saias para incitar o riso nos participantes do festival; a risada, algo que Bast adora, espanta o sofrimento e traz a cura.

 Evoque Bast quando quiser redescobrir as alegrias do riso e o prazer de superar o próprio sofrimento.

Chalchiuhtlicue

ORIGEM: *Asteca*

MITOLOGIA: Deusa das águas, Chalchiuhtlicue mantém seu domínio sobre os oceanos, rios, lagos e outros corpos aquáticos. Seu nome pode ser traduzido como "ela, da saia de jade", uma referência a todas as cintilantes águas em tons esverdeados regidas por ela. Casada com o deus da chuva, Tlaloc, juntos eles governaram o quarto mundo que existia antes do nosso. No entanto, Chalchiuhtlicue ficou furiosa com a iniquidade dos humanos naquele mundo, e lançou um dilúvio, que acabou por destruir toda a vida — exceto daqueles que eram considerados justos; estes foram transformados em peixes para sobreviver à inundação, ou tiveram permissão para cruzar uma ponte feita de arco-íris até o novo mundo. Chalchiuhtlicue então abençoou, após a purificação, esse novo ciclo da vida na Terra no qual nos encontramos e concedeu o dom da fertilidade a todos os seres vivos.

Chalchiuhtlicue muitas vezes é retratada como uma jovem bela, coroada com plumas azuis e joias de jade, e com uma saia coberta de lírios. Uma vez que ela governa as águas, também é uma deusa venerada pelos agricultores que necessitam de água doce para suas plantações, bem como por viajantes que navegam pelos oceanos salgados. Chalchiuhtlicue também rege os partos, já que os astecas frequentemente associavam o ventre à água.

Evoque Chalchiuhtlicue quando estiver buscando um recomeço, quando finalmente quiser abandonar o passado para avançar a um futuro renovado.

Estsanatlehi

ORIGEM: *Nativo norte-americana*

MITOLOGIA: Deusa dos céus e da terra, Estsanatlehi é o nome Navajo e Apache para este espírito nativo norte-americano, também conhecido como a Mulher Mutante ou a Mulher Turquesa. Casada com o sol, ela mora em um palácio turquesa no horizonte ocidental, onde recebe o marido ao final de cada dia. Ela se transmuta em uma jovem donzela na primavera e no verão, se transformando em uma figura maternal no outono e, finalmente, em uma idosa durante o inverno, que é quando começa a caminhar para o oeste para se encontrar e se fundir ao seu eu mais jovem, a fim de reiniciar o ciclo. Estsanatlehi representa o sempre constante ciclo da vida na Terra, bem como todas as plantas e criaturas que nela vivem.

Ela criou os diferentes clãs nativo norte-americanos do pó de seu corpo, e deu à luz dois filhos guerreiros que utilizaram armas mágicas de seu pai para derrotar muitos dos monstros na Terra. Para lembrar às pessoas de agradecer por suas bênçãos, Estsanatlehi permitiu que quatro monstros sobrevivessem: a idade, o inverno, a pobreza e a fome.

Evoque Estsanatlehi quando necessitar de apoio em um período de transformação em sua vida, e quando quiser se conectar ao seu espírito mais jovem. Para honrá-la e atraí-la, use turquesa.

Hel

ORIGEM: *Nórdica*

MITOLOGIA: Deusa do Submundo, Hel foi jogada ao reino da morte por Odin depois que uma profecia previu que ela e seu irmão derrubariam o Aesir. Lá, ela se tornou soberana e se manifestou como metade-humana e metade-cadáver. Durante a noite, ela monta um cavalo negro, gritando os nomes daqueles que estarão mortos pela manhã. Quando os espíritos destes condenados deixam seus corpos, Hel sai recolhendo os mortos em seus braços cálidos e os leva para seu reino sombrio e nebuloso, Helheim. Soldados que morreram em batalha e marinheiros perdidos no mar vão para diferentes regiões da vida após a morte, mas todos os outros seguem com Hel em sua desolação infinita.

 Evoque Hel quando estiver na hora de reconhecer um desfecho e recomeçar; ela simboliza dois opostos se unindo para formar um todo.

Hina

ORIGEM: *Polinésia*

MITOLOGIA: Uma das deusas pioneiras da mitologia polinésia, a deusa lunar Hina tem muitas histórias envolvendo sua lenda. Como guardiã da lua, Hina rege todas as fases da vida — desde a concepção até a morte e o renascimento. Ela também representa as diferentes fases da vida feminina. Às vezes, Hina é retratada como a primeira mulher, uma donzela do amanhecer, ou uma guardiã da terra dos mortos — cada manifestação se modificando juntamente às fases da lua.

Também considerada a deusa do oceano e da cura, Hina é a mãe de toda a vida nos arrecifes e abençoou os mortais com a generosidade do mar — que oferece alimentos restauradores e uma medicina poderosa. A lenda diz que Hina começou sua vida na Terra tecendo e trabalhando arduamente, mas ela se cansou de ser tão subestimada, então arrumou suas coisas e se mudou para a lua. Outra história afirma que ela se apaixonou por Tuna, o deus das enguias, e quando se cansou dele, foi procurar outro amante e se envolveu com Maui, um grandioso herói havaiano. Quando Tuna e Maui lutaram por Hina, Tuna saiu derrotado e Maui enterrou seu corpo na areia, onde então brotou o primeiro coqueiro.

Evoque Hina para buscar força e coragem antes de uma grande mudança.

Hsi Wang Mu

ORIGEM: *Chinesa*

MITOLOGIA: Uma das deusas mais antigas e muito reverenciada durante a Dinastia Tang, há mais de dois mil anos, Hsi Wang Mu é conhecida como a Rainha-Mãe do Ocidente. Nas crenças chinesas, o Ocidente representa todas as coisas míticas, mágicas e misteriosas. Ela também representa o sol poente, a lua minguante e a passagem das almas para a vida após a morte. Hsi Wang Mu rege todas estas coisas e é a personificação absoluta do yin, no yin e yang. O yin é o poder feminino definitivo, representado pela escuridão e pelo outro mundo.

Hsi Wang Mu também era a deusa da vida, da morte, do renascimento e da eternidade. De acordo com a lenda, ela mora em um palácio dourado em uma montanha de jade, frequentado por belas fadas e seus animais espirituais, como tigres brancos, leopardos e raposas de nove caudas. Ao lado de seu palácio há uma lagoa turquesa, um paraíso ocidental para onde se dirigem as almas dos mortos depois de deixarem o plano terrestre. Ela também é guardiã dos pessegueiros sagrados, que oferecem frutos imortais a cada três mil anos. Quando os pêssegos estão maduros, ela dá uma festa de aniversário e convida todos os deuses e deusas, que comparecem para se deleitarem com seus frutos e conservarem sua imortalidade.

Evoque Hsi Wang Mu quando necessitar renovar sua vitalidade e se embrenhar em um novo empreendimento.

Ixchel

ORIGEM: *Maia*

MITOLOGIA: Bela deusa lunar da criatividade, Ixchel também rege as águas, a fertilidade e o destino. Certa vez, ela se apaixonou pelo Sol e eles se tornaram amantes. Só que o caso rendeu um grande caos na Terra: as ondas se enfureceram e inundaram tudo. Irritado, o avô de Ixchel a atingiu com um raio, matando-a. Ela então caiu na Terra, onde as libélulas se enlutaram sobre seu corpo durante treze dias, até que ela ressuscitou.

Voltando para Sol, ela descobriu que ele era um amante ciumento, que a acusava constantemente de estar apaixonada por outros, tais como seu irmão, a Estrela da Manhã. Assim, Ixchel abandonou Sol e criou uma nova vida, como uma deusa independente, protegendo as mulheres e a fertilidade — principalmente aquelas na sagrada ilha de Cozumel. Frequentemente retratada nos três aspectos da divindade feminina — a donzela, a mãe e a idosa —, Ixchel é mãe da reinvenção e da remoção dos obstáculos.

 Evoque Ixchel quando quiser desanuviar seu caminho e encontrar um novo rumo.

Nyai Loro Kidul

ORIGEM: *Indonésia*

MITOLOGIA: Deusa sereia de Java, Nyai Loro Kidul originalmente era uma princesa mortal quando seu pai se casou com uma mulher perversa que se tornou sua madrasta. Com inveja da beleza excepcional de sua enteada, certa noite a madrasta envenenou a água do banho de Nyai Loro Kidul, o que fez seu corpo desenvolver furúnculos dolorosos que a deixaram desfigurada. Banida do reino por causa de sua nova aparência medonha, a princesa ficou perambulando pelas florestas até chegar à costa sul da ilha. Então, uma voz oriunda dos verdes mares começou a chamá-la, dizendo que pulasse na água para curar suas feridas e se tornar uma deusa. Ela então mergulhou e emergiu mais linda do que nunca, se transformando em uma sereia divina.

Atualmente, as pessoas de Java lhe fazem oferendas com flores frescas, conchas e frutas, jogando os presentes na água. Ela mora nos Mares do Sul, acompanhada de um séquito de ninfas e fadas. Os seres humanos não nadam em tais mares para que não sejam levados por Nyai Loro Kidul até seus domínios. Nyai Loro Kidul gosta principalmente de homens jovens e bonitos usando calções verdes, sua cor sagrada favorita (e também a cor de seus cabelos).

Evoque Nyai Loro Kidul em um momento de transformação, quando estiver pronta para atingir o patamar seguinte de sua vida.

Sekhmet

ORIGEM: *Egípcia*

MITOLOGIA: Deusa leoa da destruição e da cura, Sekhmet é um espírito feroz e ambicioso do antigo Egito. Uma das contrapartes femininas do Deus Sol, Ra (conhecida como o Olho de Ra), ela é muitas vezes encontrada protegendo guerreiros nos campos de batalha. A lenda diz que seu hálito quente criou o deserto. Certa vez, ela ficou tão furiosa com os humanos que provocou uma praga que soprava junto aos ventos do deserto. Sekhmet só foi detida quando Ra a subjugou com uma jarra de cerveja misturada a suco de romã. Durante seu rompante de fúria pelo deserto, Sekhmet encontrou a jarra, bebeu um gole e adormeceu. Quando acordou, toda a sua ira tinha ido embora.

Embora conhecida por seu lado destrutivo e poderoso, Sekhmet também é uma das curandeiras mais poderosas e proativas do panteão. Ela surge nos sonhos dos doentes a fim de realizar sua cura mágica; também aparece sem ser solicitada, embora seja de bom tom lhe fazer oferendas depois. Cerveja e suco de romã, flechas, instrumentos médicos de prata e incenso são presentes bem populares para Sekhmet.

 Evoque Sekhmet quando necessitar de cura e força profundas; ela sempre vai lembrá-la de que você é mais forte do que pensa que é.

Xochiquetzal

ORIGEM: *Asteca*

MITOLOGIA: Uma linda deusa floral da criatividade, do amor, da morte e da sexualidade, Xochiquetzal é um respeitado espírito da energia feminina. Ela ama flores, sendo suas favoritas os cravos-amarelos, cujas pétalas delicadas são uma tradução direta de seu nome (que significa "flor da pétala preciosa"). Os cravos-amarelos também simbolizam o nascimento, a floração e a perda de vigor, que rende as sementes e fomenta a geração seguinte no ciclo da vida.

Xochiquetzal é a padroeira dos artistas e criou todas as artes e ofícios na Terra. O dia no calendário asteca reservado para adorá-la é dedicado a criar coisas bonitas, e Xochiquetzal é louvada durante um festival noturno, no qual as pessoas usam máscaras de animais e flores. Sempre retratada como uma bela jovem, ela usa um lindo ornamento de cabeça feito de plumas do pássaro quetzal-resplandecente, seu homônimo. As borboletas, que ajudam a polinizar as plantas e flores, também são seus animais sagrados. De acordo com seus mitos, o útero de Xochiquetzal foi mordido por um morcego, o que deu origem à primeira menstruação. A partir daí, as primeiras flores também desabrocharam da Terra. Ela guarda a Árvore da Vida em Tamoanchán (paraíso dos Astecas). A lenda diz que o contato com as flores da dita árvore lhe concederá alegria, lealdade e sorte.

Evoque Xochiquetzal quando necessitar de bênçãos enquanto se propõe a criar algo bonito; cerque-se de cravos-amarelos para chamá-la.

Referências

Dror, Olga. *Cult, Culture, and Authority: Princess Lieu Hanh in Vietnamese History*. Honolulu: University of Hawai'i Press, 2007.

Illes, Judika. *Encyclopedia of Spirits: The Ultimate Guide to the Magic of Fairies, Genies, Demons, Ghosts, Gods & Goddesses*. Nova York: HarperCollins, 2009.

Loar, Julie. *Goddesses for Every Day: Exploring the Wisdom and Power of the Divine Feminine around the World*. Novato, CA: New World Library, 2008.

Monaghan, Patricia. *The New Book of Goddesses & Heroines*. St. Paul, MN: Llewellyn Publications, 1997.

Monaghan, Patricia. *Encyclopedia of Goddesses & Heroines*. Novato, CA: New World Library, 2014.

Murrell, Nathaniel Samuel. *Afro-Caribbean Religions: An Introduction to Their Historical, Cultural, and Sacred Traditions*. Filadélfia: Temple University Press, 2010.

Mutén, Burleigh. *Goddesses: A World of Myth and Magic*. Cambridge, MA: Barefoot Books, 2003.

Sanders, Tao Tao Liu. *Dragons, Gods & Spirits from Chinese Mythology*. Londres: P. Lowe, 1980.

Skye, Michelle. *Goddess Afoot!: Practicing Magic with Celtic & Norse Goddesses*. Woodbury, MN: Llewellyn Publications, 2008.

Waldherr, Kris. *The Book of Goddesses: A Celebration of the Divine Feminine*. Nova York: Abrams, 2006.

Agradecimentos

Primeiramente, agradeço à minha editora, Deanne Katz, por me presentear com a sementinha deste projeto para o meu segundo ato e por confiar em mim para levá-lo a cabo. Sou eternamente grata por sua orientação, por suas críticas cuidadosas e por seu trabalho árduo.

Agradeço a uma de minhas deusas favoritas, minha agente, Monika Verma, e a sua equipe da Agência Literária Levine Greenberg Rostan. Obrigada por sempre ser minha defensora mais ferrenha, a voz da razão, e por ser tão obcecada em compartilhar suas descobertas divertidas quanto eu.

Também agradeço demais à maravilhosa equipe da Chronicle Books por seu incrível apoio nesta jornada: Christine Carswell, Alexandra Brown, Jennifer Tolo Pierce, Albee Dalbotten, Amy Cleary, Sarah Billingsley, Sara Waitt, Marie Oishi, Steve Kim e Beth Steiner. Muito obrigada por me permitir fazer parte de seu panteão ilustrativo de autores, e por fazer meus sonhos mais loucos se tornarem realidade.

Obrigada a meus pais, Alice e Steve, à minha família e amigos pelo incentivo e infinitos elogios ao longo do caminho.

E, finalmente, um sincero agradecimento ao meu marido, Ryan Shaw, por ser o meu maior alicerce, editor principal, chef, administrador doméstico, invoca-dinho e companheiro de aventuras. Sem você, nada daria certo.

E obrigada, muito obrigada, obrigada a você, pelo seu apoio e por se juntar a mim nesta aventura rumo à divindade feminina.

Ann Shen é ilustradora, autora e designer. Seu estilo vibrante já levou a artista a contribuir com diversas publicações, campanhas e produtos pelo mundo. Gosta de ler tarô, cozinhar, tirar fotografias, cuidar de seus animais de estimação e viajar com o marido. Além de *Divinas Mulheres*, é autora do livro *Bad Girls Throughout History* (2016), um tributo às mulheres extraordinárias que mudaram o mundo.

DARKLOVE.